Jens

kann ab und zu etwas trotzig sein, ist aber ganz bei der Sache, wenn es darauf ankommt.

Lisa

zeigt gern, was sie alles weiß, und ist auch als beste Freundin unschlagbar.

Benni

ist manchmal etwas ungeschickt, hat dabei jedoch immer gute Laune.

Wir gehen ins Fernsehstudio

A Visit to the TV Studio

Bibliografische Informationen der Deutschen Nationalbibliothek
Die Deutsche Nationalbibliothek verzeichnet diese Publikation in der Deutschen Nationalbibliografie; detaillierte bibliografische Daten sind im Internet über http://dnb.ddb.de abrufbar.

BiLi – Zweisprachige Sachgeschichten für Kinder
in der Kollektion OLMS junior

www.olms-junior.de

Illustrationen: Katja Kiefer

Übersetzung ins Englische: Faith Claire Voigt
Englisch-Lektorat: Malona P. Voigt
Gesamtgestaltung: Rafaela Nimmesgern, Hamburg
Druck und Bindung: Himmer AG, Augsburg

Printed in Germany

ISBN 978-3-487-08836-5

Wir gehen ins Fernsehstudio

A Visit to the TV Studio

Roland Mörchen

Illustrationen von
Katja Kiefer

OLMS

Manchmal gibt es in der Schule richtig gute Tage. Solch ein Tag war auch, als die Klassenlehrerin Frau Wette verkündete: „Der Kultusminister verleiht euch einen Preis für eure Theateraufführung von *Hänsel und Gretel*.“ Und alle sollten ihn bekommen! Der Jubel brachte fast die Schulmauern zum Einstürzen.

Der Preis

„Die Preisverleihung wird vom Fernsehen aufgenommen. Aber es kann nicht die ganze Klasse fahren. Nur drei von euch dürfen hin.“
Statt Jubel herrschte auf einmal betretenes Schweigen.
„Die Leute vom Fernsehen laden Lisa, Jens und Benni ein“, erklärte Frau Wette.
Sie war froh, die Teilnehmer nicht selbst auswählen zu müssen.

We are going…

Some days at school are really good. It was one of those days when the class teacher announced: "The Minister of Culture is awarding you a prize for your theatre production of *Hansel and Gretel*."
And the award was for everybody! The cheering nearly brought the school walls down.

…to be on TV!

"The award ceremony is going to be on TV. But they can't accommodate the whole class. Only three of you are allowed to go."
The cheering gave way to an embarrassed silence.
"The TV people have invited Lisa, Jens and Benni," explained Mrs Wette.
She was glad that she wasn't the one who had to choose who would go.

Auf ins Studio

Lisas Mutter fuhr die drei zum Fernsehstudio.
„Hallo!“, begrüßte sie ein junger Mann am Eingang.
„Ich bin Mick, der Assistent.“
Benni kannte das Wort ‚Assistent‘ nicht, Lisa schon.
„Es kommt aus dem Lateinischen und bedeutet Helfer“, erläuterte sie.
„Du bist aber schlau“, staunte Mick. „Wart ihr denn schon einmal im Fernsehstudio?“
„Nein, aber ich weiß, wie es da zugeht!“ Jens warf Lisa und Benni einen triumphierenden Blick zu. „Wir sind im Studio und gleichzeitig auf dem Fernsehbildschirm zu sehen.“
„Das wäre eine Live-Sendung“, erklärte Mick.
„Wir machen heute eine Aufzeichnung von der Preisverleihung, um sie übermorgen auszustrahlen.“

Lisa's mother drove the trio to the studio. "Hallo!" a young man greeted them at the entrance. "I'm Mick, the assistant."
Benni didn't know the word 'assistant'. Lisa did.
"It's a Latin word and it means 'helper'," she explained.
"You're a clever one." Mick was astonished. "So, have you three ever been in a TV studio?"
"No, but I know what goes on there!" Jens threw a triumphant glance at Lisa and Benni. "We are in a studio and at the same time people can see us on their TV screens."
"That would be a live broadcast," Mick explained him.
"Today we are going to make a recording of the award ceremony and we will broadcast it the day after tomorrow."

Live broadcast or recording?

Die drei folgten Mick durch lange Flure. Sie kamen an mehreren Studios vorbei, deren Türen manchmal offenstanden. Überall liefen Leute geschäftig umher.

„Ein Lama!", rief Lisa plötzlich. Sofort steckten auch Jens und Benni ihre Nasen in den Raum.

„Da wird eine Quiz-Show vorbereitet, in der ihr Wissenswertes über Tiere lernen könnt", erläuterte Mick.

„Ein Lama kann doch kein Quiz-Kandidat sein", überlegte Benni.

„Ist es auch nicht", lachte Mick. „Aber es gibt Fragen über Lamas, und darum sollen die Zuschauer auch eines leibhaftig zu sehen bekommen."

Weiter ging es, vorbei am Nachrichten-Studio und an einem Raum, der wie ein großes Labor aussah. Dort entstand eine Sendung über wissenschaftliche Experimente.

Ein Lama!

Quiz shows...

The three followed Mick down long corridors. They went past several studios; some of the doors were open. People were moving about busily everywhere.

"A lama!" called Lisa suddenly.

Jens and Benni immediately poked their heads into that room, too.

"They are preparing a quiz show in which you can learn things worth knowing about animals," Mick explained.

"A lama can't be a quiz candidate," remarked Benni thoughtfully.

"No, of course it isn't," laughed Mick. "But there are questions about lamas and that is why the viewers should be able to see a real one."

...and news

They went on past news studios and a room which looked like a large laboratory. A programme about scientific experiments was being made there.

Reges Treiben auf der Bühne

Lisa, Jens und Benni kamen jetzt in das Studio, in dem die Preisverleihung aufgezeichnet werden sollte. Während der Zuschauerraum noch leer war, herrschte auf der Bühne schon reges Treiben. Beleuchter richteten große Scheinwerfer auf die Bühne. Assistenten schoben wuchtige Kameras auf Rollen hin und her. Kabel schlängelten sich wie endlos lange Würmer auf dem Boden. Mehrere Kabelträger achteten ständig darauf, dass die schweren Kameras nicht über die Kabel rollten. Dann gäbe es nämlich eine Bildstörung.

Zur Bühnenausstattung gehörte auch ein riesiger Bildschirm, auf dem Filmausschnitte eingespielt oder Großaufnahmen vom Moderator und von seinen Studiogästen gezeigt werden konnten. Benni kam aus dem Staunen einfach nicht mehr heraus. „Ich werde Fernsehmann“, verkündete er begeistert.

I'm going to work on TV!

Lisa, Jens and Benni reached the studio where the award ceremony was going to be recorded. The tribunes for the audience were still empty but there was a lot going on on the set. The gaffer and his electricians were putting large spotlights in position. Other assistants were pushing massive cameras back and forth. Cables lay twisted like endlessly long snakes all over the floor. Several production assistants were constantly watching out to see that the heavy cameras did not roll over the cables. That would cause interference and distort the picture.

One piece of equipment was an enormous screen on which film clips or close-ups of the host and his studio guests could be shown. Benni couldn't get over his astonishment. "I'm going to work on TV!" he declared enthusiastically.

Alles paletti!

Achtet auf ein rotes Licht an der Kamera: Sie nimmt euch dann auf“, schärfte Mick ihnen ein. „Dort drüben seht ihr Frank Falter, den Moderator. Er wird die Zuschauer durch die Preisverleihung führen. Neben ihm steht unser Regisseur. Er sagt euch, was ihr zu tun habt.“

„Ihr sitzt in der vordersten Reihe“, erklärte ihnen der Regisseur, nachdem er Hallo gesagt hatte. „Dort warten auch die Preisträger aus den anderen Schulen. Sobald Frank euch namentlich aufruft, geht ihr zu ihm auf die Bühne. Und zwar zügig!“

„Gemacht!“, platzte es aus Benni heraus.

„Auf dem großen Bildschirm zeigen wir einen Filmausschnitt von eurer Aufführung.“

„Deshalb war das Fernsehteam bei einer Vorstellung und hat gefilmt“, ging Lisa ein Licht auf.

„Genau“, sagte der Regisseur. „Danach stellt Frank euch Fragen über die Theaterproben. Anschließend wird der Preis überreicht.“

„Alles paletti!“, rief Jens.

Unter Micks aufmerksamen Augen spielten sie den Auftritt einmal durch. „Das klappt bei euch genauso prima wie vorhin bei den anderen Preisträgern!“

„War ja auch nicht schwer“, behauptete Lisa.

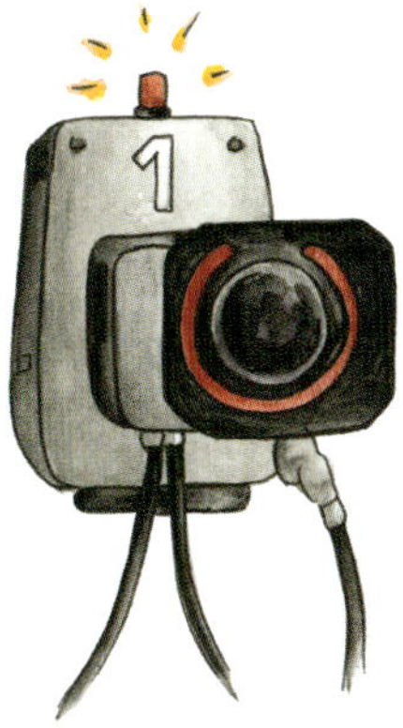

Watch out for the...

"Watch out for the red light on the camera: that means you are being filmed," Mick warned them. "You can see Frank Falter over there. He's the host who will take the audience through the show. The director is standing next to him. He will tell you what to do."

...red light!

"You will sit in the front row," explained the director after he had said hallo to them. "The winners from the other schools will be waiting there, too. As soon as Frank calls out your names, go to him on the set. And don't dawdle!" "Right!" burst out of Benni.

"We will show a clip from your play on the big screen."

"That's why a TV crew came to film one of the performances," Lisa understood now.

"Exactly," said the director. "Then Frank will ask you some questions about the rehearsals. After that the award will be presented."

"No problem!" Jens called out.

They rehearsed the sequence once under Mick's eagle eye.

"That worked with you just as well as it did with the other winners earlier!"

"Well, it wasn't difficult," said Lisa.

Ein Tontechniker steckte Frank Falter nun ein Mikrofon an. Dessen Kabel war mit einem Sender verbunden, den er hinten am Hosengürtel des Moderators anbrachte. An seinem Mischpult prüfte der Techniker dann noch, ob über den Sender jedes Wort deutlich ankam.

Eins, zwei, drei …

„Eins, zwei, drei“, zählte der Moderator. Alles war prima zu verstehen.
„Kriegen wir auch so ein kleines Mikrofon?“, fragte Benni.
„Nein, euch hält Frank ein Handmikrofon vor den Mund“, meinte Mick. „Kommt jetzt mit in die Maske! Ohne Puder im Gesicht würdet ihr im Scheinwerferlicht bleich aussehen.“

The sound check

A sound technician fixed a microphone onto Frank Falter's clothing. The cable was connected to a transmitter attached to the host's trouser belt at the back. The sound tech did a check at the mix deck to make sure every word could be clearly understood.

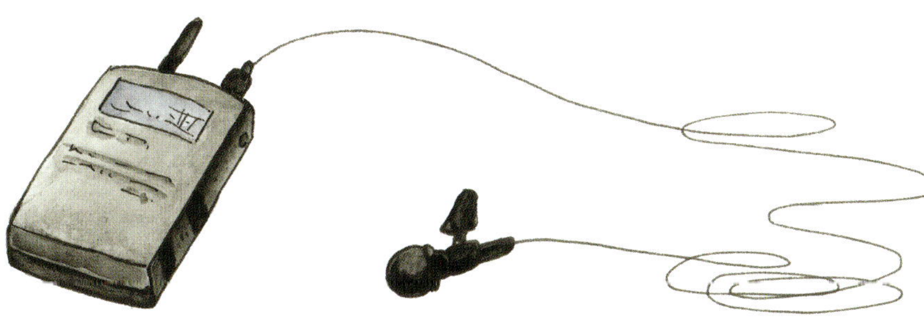

"One, two, three," counted the host. Everything could be understood perfectly.
"Are we going to get little microphones like that, too?" asked Benni.
"No, Frank will hold a microphone to your mouth," Mick answered. "Come to the make-up now. You will look pale in the spotlights without powder on your faces."

„Jens, wo steckst du denn?“ Lisa entdeckte Jens neben einem Kameramann, der ihm gerade seinen Kopfhörer aufgesetzt hatte. Darüber konnte der Kameramann später die Anweisung des Regisseurs hören, was er mit seiner Kamera aufnehmen sollte. Lisa nahm Jens den Kopfhörer ab: „Hallo! Maske ist angesagt!“
„Aber mit Maske erkennt uns doch niemand im Fernsehen“, wunderte sich Jens.
„Maske ist ein anderes Wort für Schminkraum“, erklärte Lisa. „Das weißt du doch aus dem Theater.“
Ertappt! Jens spielte jedoch den Überlegenen: „Ich wollte nur wissen, ob du es noch weißt.“
„Ich geb's auf!“, stöhnte Lisa.

Kameramann Jens

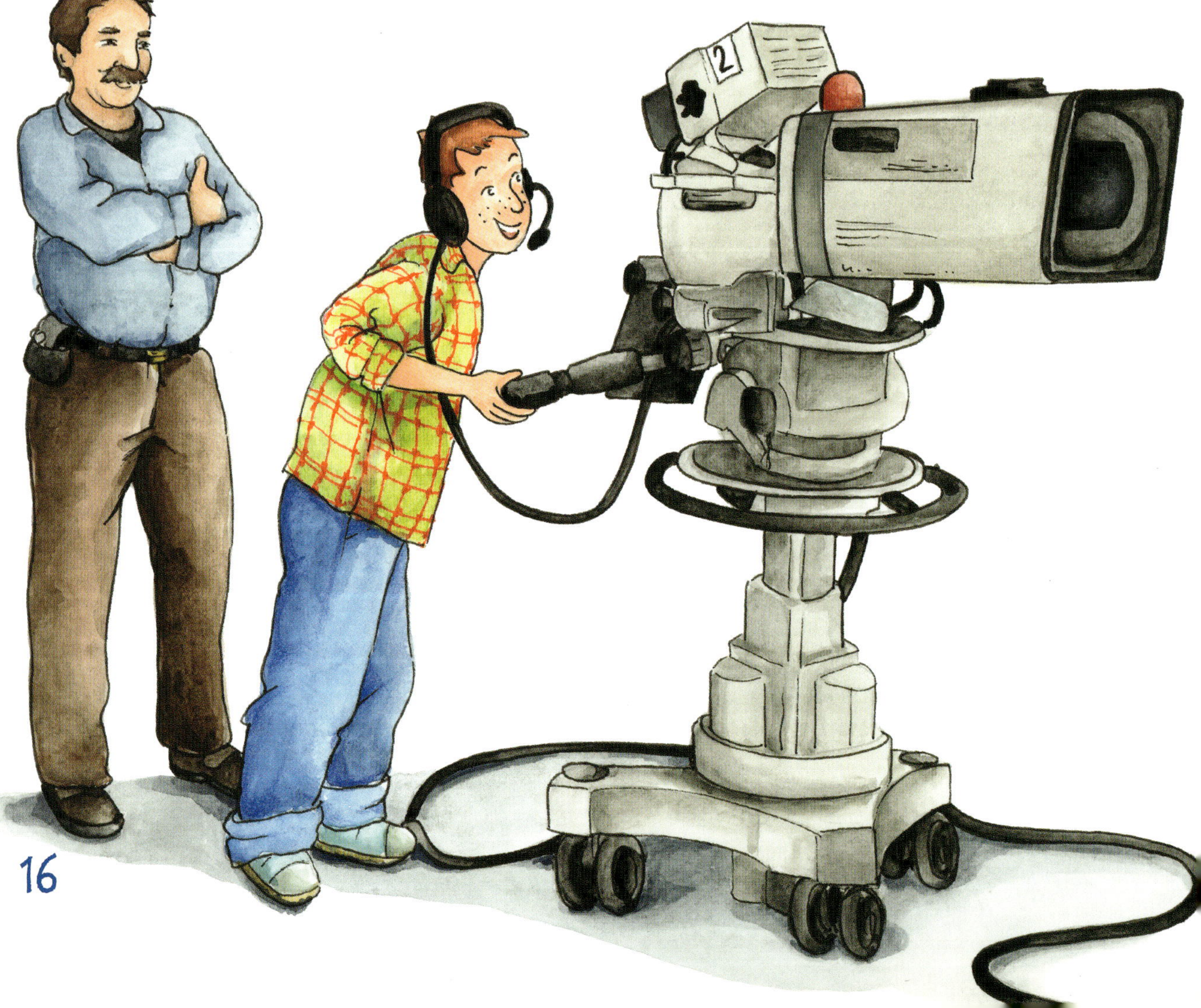

Jens, where have you got to?" Lisa discovered Jens next to a cameraman who had just put his headphones on Jens' head. Later the cameraman would be able to hear through them what the director wanted him to film.
Lisa lifted the headphones off Jens' ears: "Hey! We have to go to make-up now!"
"But if we get our faces made up nobody will recognise us when they see us on TV," Jens couldn't think what she meant.
"Make-up is another word for putting powder on our faces," explained Lisa.
"You already know that from the theatre."
Caught out! But Jens tried to outsmart her: "I just wanted to know if you still remember."
"I give up!" groaned Lisa.

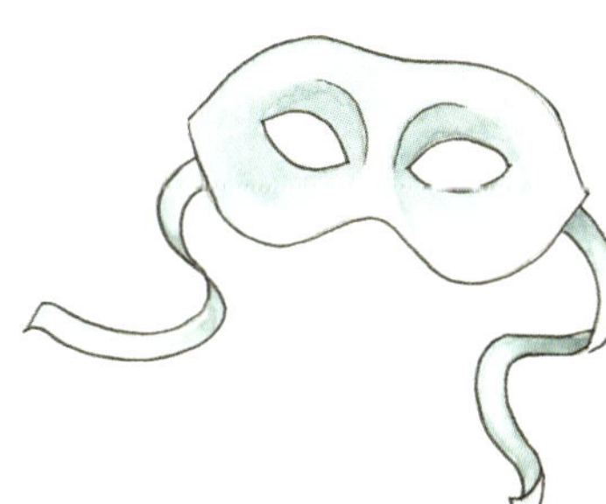

Caught out!

Nur für Mädchen!

Der Assistent verteilte die drei auf verschiedene Schminkräume. Normalerweise waren solche Räume den Moderatoren und Stars vorbehalten. Aber heute machte man eine Ausnahme.
Als Benni vor dem großen Spiegel saß, ertönte plötzlich eine spöttische Stimme: „Schminken ist nur etwas für Mädchen!“

Das war Arno. Er hatte mit seiner Klasse ein Theaterstück geschrieben.
„Du willst wohl was auf die Nase kriegen?“, wehrte sich Benni.
„Das besorge ich schon“, meinte die Maskenbildnerin. „Gleich nach dir werde ich nämlich Arnos Näschen pudern.“

One on the nose

The assistant assigned the three to different make-up rooms. Normally these rooms were reserved for the hosts and the stars, but today the assistant made an exception. While Benni was sitting in front of the big mirror he suddenly heard a taunting voice: "Make-up is only for girls!"

That was Arno. He had written a play with his class.
"You want me to punch you on the nose?" Benni defended himself.
"I'll see to that," the make-up artist told him. "As soon as I've finished with you I'm going to powder Arno's nose for him."

Schon strömten die Zuschauer ins Studio und belegten die Plätze. Lisas Mutter war auch dabei. Lisa, Jens und Benni setzten sich zu den anderen Schülern. Jetzt stellte sich ein Animateur vor die Zuschauerreihen. Seine Aufgabe war es, das Publikum zum Klatschen zu ermuntern. Er trug ein kleines Mikrofon am Kopf, nicht am Hemd wie der Moderator.
„Hi, ich heiße Robbie. Damit der Applaus nachher gut klappt, probieren wir ihn zuerst aus“, sagte er. „Alle klatschen jetzt!“
Der Beifall hörte sich nicht schlecht an. Robbie gefiel er trotzdem noch nicht. „Frank Falter ist Besseres gewohnt. Wir wollen ihn doch nicht enttäuschen.“

Alle klatschen jetzt!

Beim zweiten Mal klang der Applaus stärker.
„Und nun will ich lachende Gesichter sehen.“
Viele Zuschauer zeigten fröhlich die Zähne, andere ließen es bleiben.
„Wenn ich die Arme hebe, klatschen Sie lauter. Senke ich sie wieder, applaudieren Sie weniger. Sobald ich abwinke, hören Sie auf!“
Benni patschte auch dann noch die Hände zusammen, als Robbie schon längst das Zeichen zum Aufhören gegeben hatte. Einige Kinder kicherten.

The audience streamed into the studio and took their places. Lisa's mother was there, too. Lisa, Jens and Benni sat down next to the other students. An animator came and stood in front of the onlookers. It was his job to encourage the audience to clap. He was wearing a little head-microphone, not one on his shirt like the host.
"Hi. My name is Robbie. We're going to practise clapping now, so that it sounds good later," he said. "Everybody clap now!"
The applause didn't sound bad, but Robbie wasn't satisfied. "Frank Falter is used to something better than that. We don't want to disappoint him."

I want laughing faces!

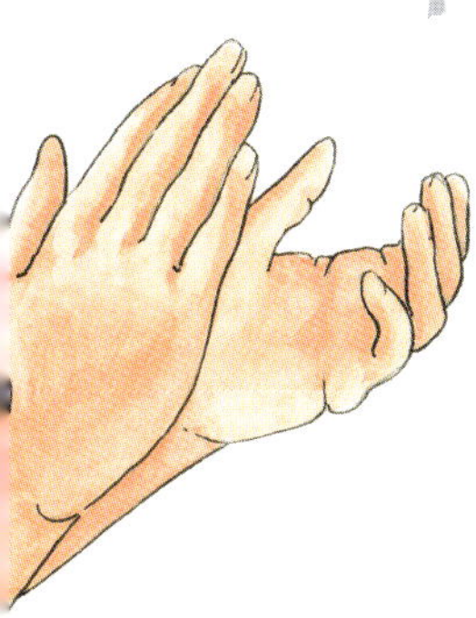

The second time the applause sounded louder.
"And now I want to see laughing faces."
Lots of people in the audience showed their teeth happily, others didn't bother.
"When I raise my arms, clap louder. When I lower them, clap less. And as soon as I wave ‚cut', stop clapping."
Benni was still patting his hands together long after Robbie had given the signal to stop. Some of the children giggled.

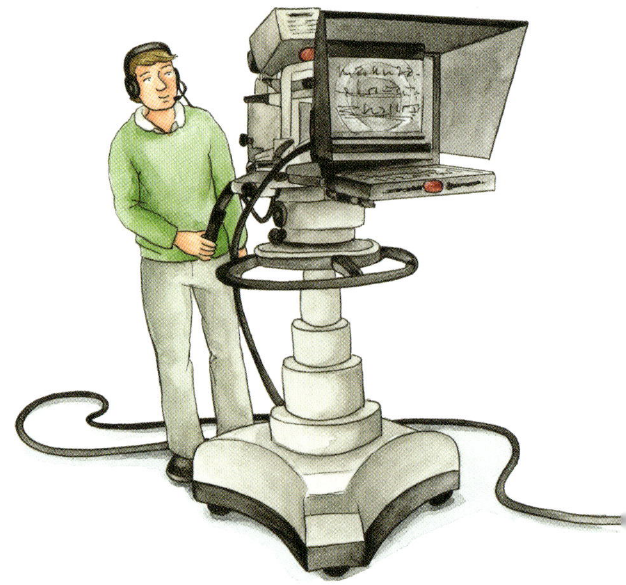

Kamera...

Da ertönte Musik. Frank Falter trat auf, das Publikum applaudierte. Robbie winkte, und es wurde still. Benni hatte vor Staunen ganz zu klatschen vergessen.

Frank Falter begrüßte die Zuschauer mit Sätzen, die er von einem kleinen Bildschirm an der Kamera ablas. Zusätzlich hielt er auch noch Karten in der Hand, auf denen der Ablauf stand.

Auf dem riesigen Bühnenbildschirm, dem Monitor, wurde eine Grußbotschaft des Kultusministers eingespielt. Er lobte die Kinder, als wären es alle seine eigenen.

...läuft!

The camera is rolling!

Music began to play. Frank Falter came on to the set and everybody applauded. Robbie waved ‚cut' and all was still. Benni was so fascinated he completely forgot to clap. Frank Falter greeted the audience with sentences which he read from a screen on the camera. He also held cards in his hands with the sequence written on them. A friendly greeting from the minister of culture was played on the big screen. He praised the children as though they all were his own.

Feuchte Hände...

Frank Falter nannte die ersten Preisträger. Sie hatten zum Beispiel Geschichten geschrieben und in einem Buch veröffentlicht. Ein Schauspieler kam auf die Bühne, um daraus vorzulesen. Anschließend trug eine Sängerin vor, was Schüler komponiert und getextet hatten. Lisa, Jens und Benni saßen mit feuchten Händen da. Manchmal kann Warten ganz schön aufregend sein.

Frank Falter announced the first winners. They had written stories which had been published in a book. An actor came on to the set to read out of the book. After that a singer presented a song composed and written by some students.
Lisa, Jens and Benni sat there with clammy hands. Waiting can be absolutely nerve-wracking sometimes.

Stage fright

Als Frank Falter die drei endlich aufrief, hatte Lisa weiche Knie. Der Fußboden unter ihren Füßen schwankte. Der Applaus kam wie aus weiter Ferne.

... und weiche Knie

Von einer Kabine aus verfolgte der Regisseur auf mehreren Fernsehbildschirmen, was die verschiedenen Kameras aufnahmen. Die Regiekabine war das Herzstück des Studios: Hier liefen alle Fäden zusammen. Der Regisseur sagte der Bildmischerin neben ihm, welches Bild als nächstes mitgeschnitten werden sollte.
„Stimmt auch der Ton?“
„Alles bestens!“, antwortete der Tontechniker.

Dann gab der Regisseur das Kommando zum Einspielen des vorbereiteten Filmausschnitts.

How's the sound?

Lisa's knees were soft and wobbly by the time Frank Falter finally called their names out. The floor swayed beneath her feet. The applause seemed to come from a great distance.

The director was following what the different cameras were filming on several TV screens in his room. The control room is the most important part of the studio; this is where all the threads come together. The director told the vision mixer standing next to him which camera angle should be used next.
„How's the sound?"
„Everything's perfect!" answered the sound technician.

Then the director gave them the green light
to play the prepared clip
on the big screen.

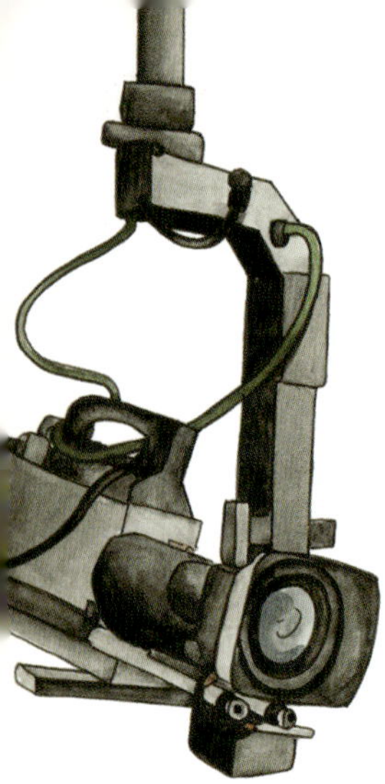

Wie ist es denn eigentlich beim Theater?“, fragte Frank Falter, nachdem der Einspieler auf dem Bühnenmonitor abgelaufen war. Lisa stockte der Atem. Kameras, Scheinwerfer und Augenpaare waren auf sie gerichtet. Sogar von der Decke senkte sich eine Kamera neugierig herab. Nur Mut!

Nur Mut!

„Beim Theater wird hart geprobt. Wir mussten unseren Text auswendig lernen und durften ihn nicht wie Sie ablesen.“
Die Zuschauer lachten auch ohne Robbies Anweisung, und Frank Falter lachte mit. Jetzt war Benni gefragt. Er kam richtig ins Schwitzen. Da fiel ihm ein Satz ein, den er irgendwann einmal aufgeschnappt hatte:
„Wer Theater spielt, hat mehr vom Leben“, kam es laut und vernehmlich von seinen Lippen. „Gerettet!“, atmete er auf.

Blitzschnell überlegte Jens, wie er Benni ausstechen konnte. Er wartete die Frage des Moderators gar nicht erst ab: „Niemand glaubte an den Erfolg unserer Aufführung. Aber ich, Jens der Fuchs, sagte mir sofort: Die ist preisverdächtig!“
„Das war das Stichwort!“, sagte Frank Falter. Er überreichte als Preis tolle Büchergutscheine für die ganze Klasse.
„Jens der Fuchs? Dass ich nicht lache!“, raunte Lisa.

What's it actually like in the theatre?" asked Frank Falter after the playback on the stage monitor had finished. Lisa caught her breath. Cameras, spotlights and all eyes were upon her. One camera even sank down from the ceiling to observe her more closely. Courage, Lisa! "We worked hard during rehearsals. We had to learn our texts by heart; we couldn't read them from a screen like you do." The audience laughed spontaneously, without Robbie telling them to, and Frank Falter laughed, too. Now it was Benni's turn. He was sweating profusely. Then he thought of a sentence he had picked up somewhere: "Theatre folk get more from life," came, loud and clear, over his lips. "Saved!" he gasped.

Quick as lightning Jens thought of a way to top Benni. He didn't even wait for the host to ask his question: "Nobody thought our performance would be a success. But I, Jens the fox, said to myself immediately – 'this could be a prize winner'!" "That was my cue!" said Frank Falter. He presented them with wonderful book tokens for the entire class.

Saved!

"Jens the fox? Don't make me laugh!" Lisa muttered.

Das bin ja ich!

Zwei Tage später saßen Jens und Benni zu Hause bei Lisa. Sie wollten die Aufzeichnung unbedingt gemeinsam anschauen.
„Das bin ich!", rief Benni, als er sich auf dem Bildschirm sah.
„Wer denn sonst?", stöhnte Jens.
Insgeheim ging es ihm aber nicht anders als Benni. Doch eine Enttäuschung blieb Jens nicht erspart.

„Wo ist mein Satz geblieben?", rief er. „Kein Wort davon im Fernsehen. Auch dauerte die Preisverleihung länger als eine halbe Stunde."
„Dieser Fernsehbericht zeigt nur, was am wichtigsten war", wusste Lisa. „Den Rest hat ein Cutter herausgeschnitten. Jeder Sendebeitrag bekommt eine vorher festgelegte Länge."

„Bennis Satz blieb aber drin", schmollte Jens.
„Weil er einmalig ist", sagte Benni stolz.

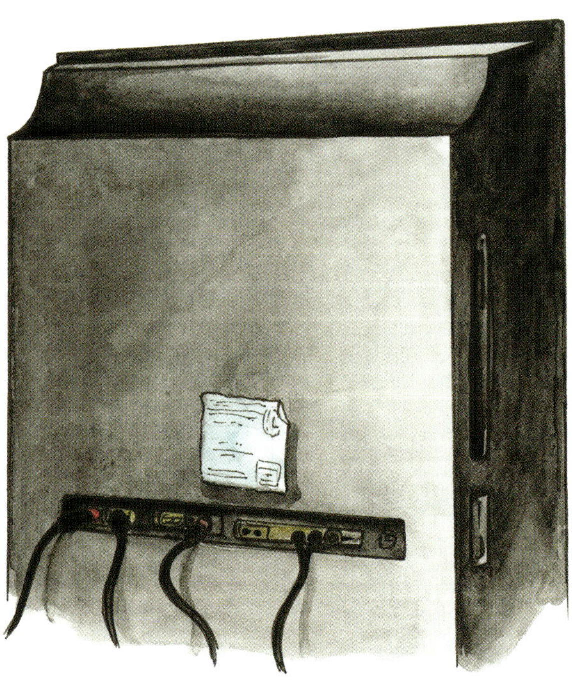

Two days later Jens and Benni were sitting in Lisa's living-room. They all wanted to watch the programme together.
"That's me!" shouted Benni, when he saw himself on the screen.
"Who else would it be?" moaned Jens.
Still, in his heart he felt the same as Benni.
But he was not to be spared a disappointment.

"What happened to my sentence?" he shouted. "Not one word of it on the television. And the award ceremony lasted longer than half an hour."
"This TV report only showed the most important parts," Lisa knew the answer.
"The editor cuts out the rest. Each part of the day's programme has to stay within a prearranged length."

One in a million!

"But they kept Benni's sentence," sulked Jens.
"Because it was one in a million," said Benni proudly.

Wen oder Was gibt es im Fernsehstudio?

Was macht ein Moderator?

Der Moderator führt die Zuschauer durch die Sendung: Er leitet von einem Programmelement zum nächsten, erzählt Geschichten, stellt Studiogäste vor und führt mit ihnen Interviews.

What does a host do?

The host takes the audience through the programme. He leads from one segment to the next, tells anecdotes and stories, introduces studio guests and interviews them.

Was macht ein Aufnahmeleiter?

Er organisiert den ganzen Ablauf. Dabei hilft der Drehplan. Der Aufnahmeleiter sieht nach, ob die nötigen Kameras und Mikrofone da sind. Während der Aufnahme passt er auf, dass niemand seinen Auftritt versäumt oder länger als geplant auf Sendung ist.

What does a unit production manager (UPM) do?

He organises all the sequences according to the schedule. The UPM sees to it that the necessary film cameras and microphones are available. During the recording he makes sure that nobody misses his entrance or stays on screen longer than planned.

Was ist ein Teleprompter?

Vom Teleprompter liest der Moderator seinen Text ab. Dieser Bildschirm ist oftmals unter dem Objektiv an der Kamera befestigt und mit einem Computer verbunden, in den ein Mitarbeiter den Text eingibt. Zuvor hat er ihn schon in kleinere Abschnitte gegliedert, damit er besser zu lesen ist.

What is a teleprompter?

The host reads his text from a teleprompter. This screen often is attached to the camera under the lens and it is connected to a computer which relays the text fed in by an assistant. He has prepared this text in advance, cutting it into small segments so that it is easier to read.

Was ist ein Drehplan?

In einer Fernsehsendung darf nichts durcheinandergehen. Deshalb steht im Drehplan, wer oder was an der Reihe ist. Jeder, ob vor oder hinter den Kulissen, muss diesen Plan unbedingt befolgen.

What is a schedule?

During a TV show everything has to be perfectly organised. That is why the sequence for each actor and movement is written down in the schedule. Everybody, whether in front of or behind the scenes, must adhere to this plan exactly.

Who or what will you find in a TV studio?

Was macht ein Cutter?

Das Wort kommt von dem englischen Verb ‚to cut' (schneiden). Früher hat der Cutter die gewünschten Film- und Fernsehbilder tatsächlich an einem Schneidetisch geschnitten und neu miteinander verbunden. Heute arbeitet er am Computer mit einer speziellen Schnitt-Software. Bild und Ton werden gleichzeitig in digitalisierter Form aufgenommen und auf den Rechner des Cutters gesendet.

What does an editor do?

In German this job is referred to as 'a cutter'. The word comes from the English verb 'to cut'. Formerly the editor literally sat at the cutting table, snipped the film strips apart and stuck them together in new sequences. Today the editor uses a special computer programme to edit the film. Picture and sound are simultaneously recorded digitally and sent directly to the editor's computer.

Was sind O-Töne?

Als Original- oder O-Töne bezeichnet man alles, was Personen vor laufender Kamera äußern.

What is production sound?

The production sound includes all words actually spoken by the person during the recording.

Was ist ein Tonmischpult?

Am Tonmischpult überarbeitet der Tonmeister den Ton. Wenn man nicht versteht, was jemand sagt, hat der Tonmeister etwas falsch gemacht. Er kann auch die Stimme eines Erzählers oder Musik hinzufügen. Dazu mischt er alles im richtigen Lautstärke-Verhältnis zu den bereits aufgenommenen Geräuschen und Gesprächen aus dem Filmbeitrag.

What is a mix deck?

The sound engineer works at a mix deck to perfect the sound. If you can't understand what somebody has said, the sound engineer has got something wrong. He can also add in the voice of a narrator or some music. He mixes everything in the right proportion to the sounds and speech already recorded with the film.

Was bedeutet ‚aus dem Off'?

Manchmal hört der Zuschauer Stimmen, Töne oder Geräusche, deren Quelle für ihn nicht sichtbar ist: Aus dem ‚Off' hört man beispielsweise Musik vom Band oder einen Sprecher, der nicht im Bild erscheint.

What does 'off-camera' mean?

Sometimes the viewer hears voices, music or other sounds without being able to see the source. One can hear background music, for example, or a speaker who does not appear in the picture.

STUDIO 2
1
14
8
10
11

4
3
12
9
13
7
5
2
6

fernsehen	to watch television
das Fernsehen	the television
der Fernseher	the TV set
der Fernsehsender	the broadcasting station
das Fernsehstudio, 1	the television studio, 1
die Aufzeichnung	the recording
die Live-Sendung	the live broadcast
die Nachrichtensendung	the news
die Preisverleihung	the award ceremony
die Quiz-Show	the quiz show
ausstrahlen	to broadcast
die Fernsehsendung	the broadcast
der Sendebeitrag	the TV report
senden	to transmit
die Bühne, 2	the floor *or* the set, 2
die (Regisseur-)Kabine, 3	the director's *or* control room, 3
das Studio	the studio
der Zuschauerraum, 4	the tribune *or* the auditorium, 4

der Bildschirm	the screen
das Kabel	the cable
die Kamera, 5	the film camera, 5
der Kopfhörer	the headphones
das Mikrofon	the microphone
das Mischpult, 6	the mix deck, 6
der Monitor	the monitor
der Scheinwerfer, 7	the spotlight, 7
der Schneidetisch, 8	the editing *or* cutting table, 8
der Sender	the transmitter
der Teleprompter	the teleprompter
der Assistent	the assistant
der Aufnahmeleiter	the unit production manager
der Beleuchter	the gaffer
die Bildmischerin, 9	the vision mixer, 9
der Cutter, 10	the editor, 10
das Fernsehteam, 11	the TV team, 11
der Kabelträger, 12	the production assistant, 12
der Kameramann, 13	the cameraman, 13
der Regisseur	the director
der Techniker	the technician
der Tonmeister	the sound engineer
der Tontechniker	the sound technician

der Ablauf	the sequence
der Drehplan	the shooting schedule
das Stichwort	the cue

aufnehmen	to record
einspielen	to play something
das Bild	the picture
die Bildstörung	the interference
digital	digital
der Einspieler	the playback
der Filmausschnitt	the film clip
das Geräusch	the sound
die Lautstärke	the volume
live	live
mischen	to mix
mitschneiden	to edit simultaneously
die Musik	the music
der O-Ton	the production sound
aus dem Off	off-camera
schneiden	to cut *or* to edit
auf Sendung sein	to be on air
die Stimme	the voice
der Ton	the sound
die Tonprobe	the sound check
vom Band	from a tape

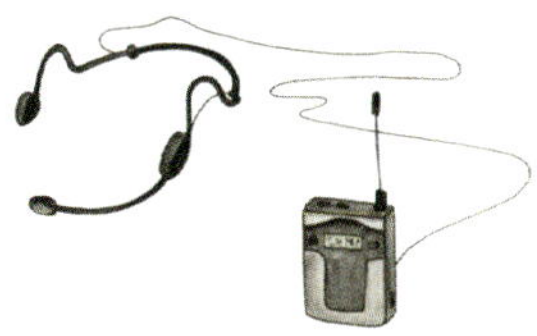

ablesen	to read from a screen *or* prompt card
aufgeregt	excited
auftreten	to enter *or* to appear
der Auftritt	the entrance
blass	pale
erzählen	to tell
das Interview	the interview
interviewen	to interview sb
das Lampenfieber	the stage fright
die Maske, 14	the make-up (room), 14
die Maskenbildnerin	the make-up artist
der Moderator	the host
proben	to rehearse
der (Quiz-)Kandidat	the (quiz) candidate
schminken	to make up
der Star	the star
der Studiogast	the studio guest

der Animateur	the animator
applaudieren	to applaud
der Applaus	the applause
klatschen	to clap (one's hands)
das Publikum	the audience
der Zuschauer	the viewer

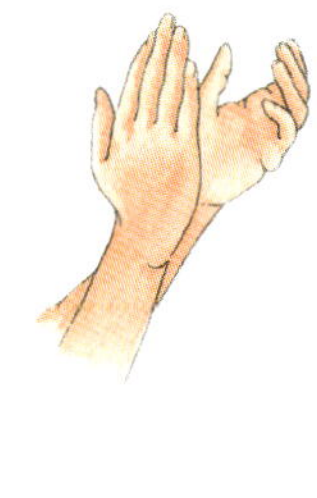

BiLi Zweisprachige Sachgeschichten für Kinder

Warum BiLi?

Fremdsprachenkenntnisse sind in den letzten Jahren immer wichtiger geworden. Heute wird in Deutschland in vielen Familien und Freundeskreisen, in Kindergärten und Schulen mehr als nur eine Sprache gesprochen. Und durch Werbung, Radio oder Fernsehen sind Fremdsprachen für uns und unsere Kinder ohnehin allgegenwärtig.

Die frühe Begegnung mit anderen Sprachen wird in der bilingualen Erziehung gezielt aufgegriffen. Wissenschaftliche Studien weisen darauf hin, dass der Fremdsprachenerwerb im Kindesalter, gerade auch in Kombination mit sachbezogenen Themen, besonders erfolgreich verläuft. Durch den Sprachvergleich entwickeln die Kinder zudem ein besseres Gefühl für die eigene Muttersprache. Schließlich fördert das frühe Lernen mehrerer Sprachen auch die kreativen Fähigkeiten der Kinder. Bilinguale Erziehung eröffnet also vielseitige Chancen.

Was ist BiLi?

Begleitet von Experten: Die BiLis wurden in Zusammenarbeit mit Fachleuten aus der wissenschaftlichen Fremdsprachenpädagogik sowie aus der bilingualen Kindergarten- und schulischen Praxis entwickelt.

In BiLi verbindet sich die Idee des frühen Fremdsprachenerwerbs mit dem Lernen von Sachinhalten auf optimale Weise: Die zweisprachigen Sachgeschichten sind in übersichtliche, leicht zu erfassende Erzählabschnitte gegliedert. Die entscheidenden Szenen der Geschichte werden in anschaulich-frischen Illustrationen aufgegriffen, wodurch das Textverständnis zusätzlich erleichtert wird. Ein informativer Rundgang – verbunden mit einer zweisprachigen Wörterliste zum Thema – veranschaulicht das ‚erzählte Wissen' im Gesamtkontext und vertieft die vermittelten Sachinhalte durch zusätzliche Begriffserklärungen.

Was will BiLi?

Grundsätzlich sollen die BiLis Kinder an andere Sprachen heranführen, das kindliche Interesse an Fremdsprachen wecken und einen Impuls für deren frühen Erwerb geben. Bei BiLi steht daher nicht das beharrliche Auswendiglernen von fremdsprachigen Vokabeln im Vordergrund, sondern vielmehr ein gleichsam spielerischer Zugang zu einer anderen, neuen Sprache in einem bestimmten Kontext. Zugleich soll die Muttersprache der Kinder, sei sie nun Deutsch oder eine andere Sprache, gestärkt werden. Und den Eltern – gerade auch in mehrsprachigen Familien bzw. in Familien nicht-deutscher Herkunft – geben die BiLis Gelegenheit, gemeinsam mit ihren Kindern eine neue Sprache für sich zu entdecken oder auch Vergessenes wiederaufzufrischen.

Nicht zuletzt sollen die BiLi-Sachgeschichten wissenswerte Sachinhalte aus der Erfahrungswelt und den Interessen der Kinder vermitteln oder sie in neue, spannende Themen einführen. Sie stellen damit eine zugleich sprachliche wie inhaltliche Bereicherung für die Kinder dar!

Für wen ist BiLi?

Sowohl Kinder, die zum Beispiel durch ihr Familienumfeld bereits Kenntnisse in mehreren Sprachen mitbringen, als auch solche, die erstmalig mit einer anderen Sprache als ihrer Muttersprache in Berührung kommen, können von BiLi profitieren. Natürlich sind genauso alle Eltern, Erzieher und Lehrkräfte angesprochen, die etwas zum frühen Fremdsprachenerwerb ihrer Kinder und Schüler beitragen möchten.

„Die BiLi-Sachgeschichten sind hervorragend geeignet, die Kinder an andere Sprachen heranzuführen…" – buchinformationen.de

„Eine sehr empfehlenswerte deutsch/englische Sachgeschichte über einen spannenden Museumsbesuch" – Peter Mayer, Jugendschriftenausschuss des BLLV

„Diese Reihe bietet eine gelungene Ergänzung, den Schulstoff spielerisch und mit Spaß zu vertiefen und sogar etwas mehr…" – Hoppsala

Wie wird BiLi eingesetzt?

Im Familienumfeld werden die BiLis vorzugsweise gemeinsam gelesen, können aber von älteren Kindern durchaus auch zum ‚Selbststudium' verwendet werden.

In Grundschulen werden Kinder mit anderen Muttersprachen zu Sprachmittlern für ihre Mitschüler und Lehrer. Hier können die BiLi-Bücher sowohl im Fremdsprachen- als auch im (Immersions-) Sachunterricht eingesetzt werden.

Darüber hinaus sollen die „Sachgeschichten zur Kultur" Schüler und Lehrer dazu anregen, durch Schulausflüge und themenbezogene Projekttage kulturelle Einrichtungen für sich zu entdecken, und Möglichkeiten der Freizeitgestaltung aufzeigen. Die BiLi-Bücher können dabei zur Vor- und Nachbereitung von Tagesausflügen an Schulen sowie auch in diversen DaZ-Förderprogrammen verwendet werden.

Schließlich eröffnen bilinguale Projekte im Grundschulbereich die Gelegenheit, Eltern und ältere Geschwister in die Arbeit mit den jüngeren Kindern einzubeziehen. Aus solchen interkulturellen Projekten entstehen oft ganz neue Partnerschaften zwischen Eltern und Schulen.

In Bibliotheken führen die zweisprachigen BiLi-Bücher – etwa durch einen Lesenachmittag in Kooperation mit Schulen – große und kleine Leser deutscher und nicht-deutscher Herkunft nicht nur an die jeweils andere Sprache heran, sondern leisten einen grundlegenden Beitrag zur allgemeinen Leseförderung.

BiLi – Sachgeschichten zur Kultur

Wir gehen in die Bibliothek

Wir gehen ins Museum

Deutsch mit je einer Partnersprache:
Chinesisch, Englisch, Französisch, Italienisch, Spanisch und Türkisch

Wir gehen in die Bibliothek

Deutsch mit je einer Partnersprache:
Englisch und Französisch

Wir gehen ins Theater

Deutsch mit je einer Partnersprache:
Chinesisch, Englisch, Französisch, Italienisch, Spanisch und Türkisch

KOLLEKTION OLMS junior
Ab 8 Jahre

Alle an den Start! Lisa, Jens und Benni unternehmen mit ihrer Schulklasse eine spannende Rallye durch die Bibliothek. Die drei Freunde erfahren, wie sie ein Buch suchen und mit ihrem eigenen Leseausweis ausleihen und verlängern können. Und wer hätte gedacht, dass es in einer Bibliothek außer Büchern noch viel mehr gibt!

Tier-Sachgeschichten

Ab 4 Jahre. Deutsch mit je einer Partnersprache.

Englisch

Französisch

Polnisch

Russisch

Spanisch

Türkisch

KOLLEKTION OLMS junior Georg Olms Verlag • Hagentorwall 7 • 31134 Hildesheim • Germany • www.olms-junior.d

Jens

can be obstinate at times, but he can put his mind to it if it matters to him.

Lisa

likes to display everything she can do – and she is also the very best friend to have.

Benni

is sometimes rather clumsy, but he is always in a good mood.